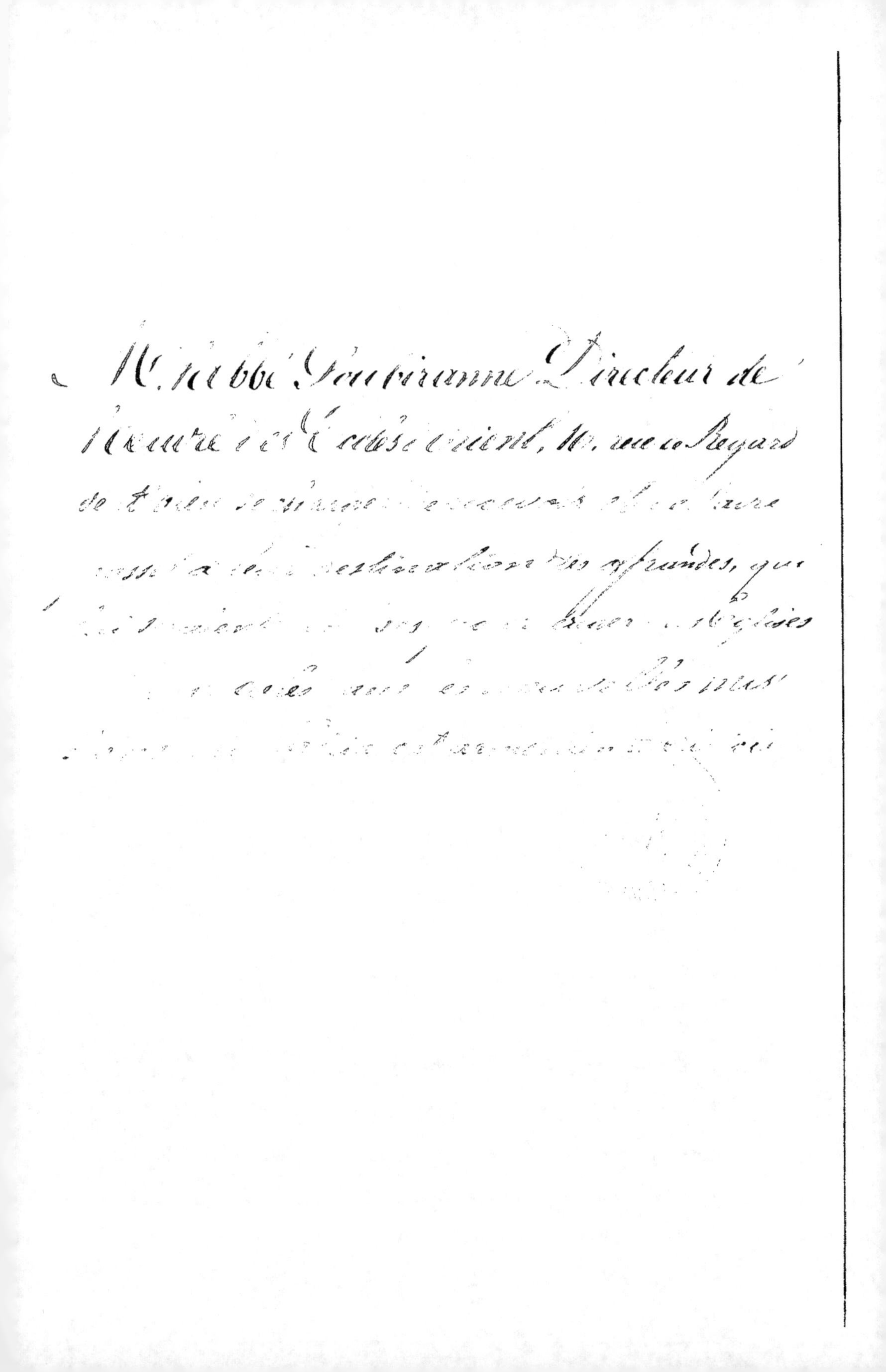

M. l'abbé Gautremme Directeur de
l'Œuvre des [illegible], M. [illegible] Regard
de [illegible] et à faire
[illegible] vérification des offrandes, qui
[illegible] [illegible] églises
[illegible]
[illegible]

Notions
Sur le Patriarcat Arménien Catholique
de
Cilicie.

I.   Le Patriarcat Arménien fut inauguré dès le Commencement du 4ᵉᵐᵉ siècle, par St Grégoire Illuminateur, qui, après avoir ramené toute la nation Arménienne de l'idolâtrie à la connaissance de Jésus Christ, se rendit à Rome avec Tiridate Roi d'Arménie, où il fut reconnu et approuvé comme Patriarche de tous les Arméniens indépendant des quatre patriarches orientaux, par S.S. le Souverain Pontife Sylvestre premier, qui occupait alors le St Siège.

II.   La succession légitime de ce patriarche, à cause des guerres fréquentes et d'autres malheurs du temps, fut transportée en différents endroits, mais enfin quand le royaume d'Arménie reprit ses forces et son éclat en Cilicie, les patriarches y fixèrent leur séjour et leur siège jusqu'à 1740 de l'ère chrétienne; mais malheureusement ils étaient tombés dans le schisme Eutychien.

III.   Dans ces temps là, l'Archevêque d'Alep, Mgr Abraham, arzivieu de l'aigle, dont le zèle et les mérites répondaient à sa dignité, ramena à l'Unité Romaine une partie de la Nation, les catholiques unis avec les Évêques l'élurent Patriarche à

l'unanimité; l'an 1740. Il se rendit alors à Rome et reçut le
Pallium de S.S. Benoit XIV.

IV. Ce même patriarche, (qui le premier ajouta à son nom d'Abraham celui de Pierre; usage suivi par tous ses successeurs, pour témoigner leur union permanente avec le Siège de S. Pierre), était sur le point de se rendre à Constantinople, afin de s'y rétablir; à cette occasion S.S. Benoit XIV, d'heureuse mémoire, adressa plusieurs lettres de recommandation, soit au Roi de France, soit à l'Ambassadeur français de Constantinople, mais de longues et cruelles persécutions s'étant élevées à Constantinople comme dans toutes les autres villes de la Turquie, le patriarche arménien fut obligé de se réfugier au mont Liban, où il s'établit, ainsi que tous ses successeurs jusqu'à ce jour.

V. C'est à cause de ces cruelles persécutions, que le St. Siège jugea bon de confier provisoirement à la sollicitude pastorale du vicaire apostolique de Constantinople, une partie du peuple arménien catholique à Constantinople et dans les environs; où dans la suite on a autorisé un Primat indépendant du patriarche de Cilicie.

VI. Malgré tout cela, la juridiction du Patriarcat de Cilicie s'étend encore dans plusieurs provinces, savoir: en Égypte, Palestine, Syrie, Chypre, Cilicie, Cappadoce, dans l'Arménie mineure, Kurdistan, Mésopotamie jusqu'à Mossoul, à Bagdad, Bassora. Dans ces provinces, il y a plus d'un million

III .

d'habitants arméniens, dont plus de quarante mille sont catholiques .

VII.   Quoique la juridiction du patriarcat de Cilicie soit limitée à cause des précédentes persécutions, cependant le patriarche fut toujours approuvé et considéré par le St Siège, comme patriarche de toute sa nation, sans aucune exception !

VIII .   Jusqu'à l'an 1832, le Culte catholique a été sévèrement défendu ; c'est pourquoi les Évêques de ce patriarcat, ne pouvant assurer leur séjour dans leur Diocèse, furent contraints de rester au Liban, dans le Patriarcat .. Mais maintenant ils peuvent séjourner au milieu de leur troupeau, et ils sont au nombre de douze).

Voici leurs noms et celui de leurs Diocèses :

1. Grégoire Balitian , archev. d'Alep .

2. Gabriel Chachatian , Archev. de Mardin .

3. Jacques Bahdiarian , Archev. de Diarbékir .

4. Paul Acdérian , Archev. d'Alexandrie d'Égypte .

5. Ignace Halibyian , Archev. d'Amasie .

6. Arsène Angiaraghian , Archev. de Néocésarée .

7. Nersis Halebian , Archev. de Sébaste .

8. Léon Korkorouni , Archev. de Malatia .

9. Pierre Apélian , Archev. de Marache .

10. Jean Hagian , Archev. de Césarée .

11. Michel Alexandrian , archev. de Jérusalem .

IV.

12. Le Siège d'Adana est vacant pour le moment.

Clément Mikaélian, abbé des moines Antoniens se compte au nombre des Évêques, quoiqu'il ne soit pas revêtu du caractère épiscopal, il exerce des pouvoirs qui seront expliqués au N° XVI.

IX. Tous les évêques n'ont point de Séminaires et ils sont obligés d'avoir recours au patriarche, afin d'avoir des missionnaires pour les anciennes comme pour les nouvelles missions. Le Patriarche a un séminaire fondé depuis 54 ans, pour 12 élèves seulement, mais aujourd'hui ; à cause du nombre toujours croissant des conversions, on y entretient trente élèves qui vivent là très-pauvrement, il faut donc absolument agrandir ce Séminaire, et y augmenter le nombre des élèves jusqu'à soixante, pour pouvoir facilement fournir des missionnaires à tant de Missions.

X. Dans le patriarcat de Cilicie, il y a des Dames de l'Immaculée Conception, qui sont chargées de l'éducation des filles, elles enseignent la lecture, la broderie, elles inspirent aux enfants une tendre piété et une modestie parfaite, en un mot, elles les forment de véritables chrétiennes. Jusqu'à présent, ni le patriarche, ni les évêques n'ont pu parvenir à construire un monastère pour ces pauvres religieuses ; c'est pourquoi les Dames Arméniennes qui désirent renoncer au monde pour mener une vie monastique, sont obligées de passer aux rites étrangers : Grec, Maronite, Syrien, etc:

XI.   Les anciennes missions de ce patriarcat sont les suivantes :

1.   Alep.   6. Diarbékir   11. Amasie ?
2.   Antabe.   7. Babylone.   12 Sébaste.
3.   Kilis.   8. Bassora.   13 Perknik.
4.   Mardin.   9. Nécésarée ou Tokat.   14 Ghurin
5.   Tellermen.   10. Bersa   15 le Caire d'Egypte ?

XII.   Dans la suite furent ajoutées les missions suivantes :

1.   Alexandrie d'Egypte.   4.   Damas.
2.   Jérusalem.   5.   Dérigh.
3   Beyrouth.

     Nouvelles missions à partir de l'an 1843.

6. Adana.   12. [illegible]
7. Faubourgs d'Antioche   13. [illegible]
8. Marache.   14. [illegible]
9. Les Faubourgs.   15. [illegible]
10. Bir ou Bérigh.   16. [illegible]
11 Dara.   17. [illegible]

XIII.   [illegible] espère [illegible] que [illegible]
contente de dire que, cette œuvre [illegible] les [illegible]
indigente, en tout à fait négligée. Elle [illegible] une très
grande aptitude et capacité aux exercices [illegible] et
intellectuels ; leur langue est l'arménien et le turc.

     Les nouvelles missions sont dirigées maintenant

par trois évêques, vingt quatre prêtres et quatre dames,
dont deux se trouvent à Marache; et les autres à Adana.
Ces dames font un bien immense dans les nouvelles missions surtout; il est très nécessaire d'en avoir; mais avant
tout il faut s'occuper de leur entretien; et les charges
du patriarcat sont si grandes et si nombreuses?
qu'il ne peut y suffire.

XIV. À mesure que les nouvelles missions s'étendent et se
multiplient, le patriarche de Cilicie; abandonné à ses
seules ressources, voit augmenter son indigence; qui
est inexprimable; il ne sait plus que faire pour les
maintenir, et les agrandir davantage dans le cas, où
l'occasion se présentera. Il doit avant tout procurer
la subsistance aux évêques, aux missionnaires et aux
dames qui dirigent les nouvelles missions, car on
ne peut rien exiger de ces nouveaux convertis, parce
qu'ils sont tous des pauvres; c'est pour cela que le
patriarche prie et supplie avec instance les catholiques
d'Europe et les représentants des œuvres de charité
de lui accorder:

1°. Un secours annuel pour l'entretien des missionnaires,
des évêques et des dames qui sont dans les nouvelles
missions.

2°. Un secours pour les constructions des églises et des

écoles dans les mêmes missions ; le patriarche s'enga-
gera de rendre un compte exact tous les ans de l'emploi
des aumônes qu'on lui remettra directement.

XV. Actuellement dans les nouvelles missions, on élève
510 enfants, et 235 filles, en différentes maisons.

Il faut bien remarquer que le patriarche, les
évêques, les missionnaires et les dames n'ont aucun
secours annuel, ni de la propagation de la foi, ni
d'autres comités ; c'est pourquoi il leur est impossible
d'étendre les missions et de les maintenir, parceque déjà
le patriarcat est endetté énormément.

XVI. L'ordre des moines antoniens doit son institution
à Abraham, archevêque d'Alep, qui fut après élu
patriarche de Cilicie ; son successeur après avoir réuni
tous les évêques par décret synodal, approuva et
corrobora le même ordre l'an 1732 de l'ère chrétienne. Cet ordre s'est distingué par ses nombreux
et éminents services, surtout dans les prédications,
dans les missions et dans les études scientifiques ;

Il a fourni à la Cilicie deux patriarches, dont l'un
de la simple prêtrise fut élevé au siège patriarcal
en raison de son mérite. Le patriarche actuel a
accordé au très R.P. Clément Mikaélian, Abbé de
cet ordre, les prérogatives épiscopales et la

VIII.

juridiction ordinaire sur le diocèse d'Antioche ; dont
le soin est confié aux zélés religieux antoniens, il y
a dans les autres missions du patriarcat quelques-
uns de ces moines, qui exercent les fonctions apostoliques
en qualité de missionnaire du patriarche.

XVII   L'Unique séminaire du patriarcat est au Mont-
Liban ; il jouit d'une grande réputation ; parceque
depuis son origine jusqu'à ce jour, il a fourni des
missionnaires de grand mérite, de saints évêques et
d'illustres patriarches. En faveur de ce séminaire, je
me contenterai de rapporter ici un seul témoignage
d'un personnage dont l'autorité est connue : C'est
Mgr Valerga, patriarche Latin de Jérusalem
et délégué apostolique de la Syrie, qui s'était
rendu personnellement à ce séminaire pour
l'examiner à l'insu du patriarche, les évêques
et des maîtres ; après la visite, sa Grandeur a prononcé
ces paroles simples, mais consolantes « Dans tout
l'Orient dit-il, on ne trouve pas le pareil de ce séminaire si pauvre, mais si bien organisé et si
sagement dirigé ». Et dans la suite nous l'avons
entendu répéter souvent cette phrase : que je serais
heureux dans ce bas monde, si je pouvais avoir
un séminaire pareil à celui du patriarche de Cilicie ».

Le préfet du Séminaire est un évêque ; le recteur et les professeurs sont des prêtres, qui tous, ainsi que l'évêque ont été élevés au même Séminaire ; chacun a pour lui un règlement particulier.

Outre l'Arménien, le Turc et l'Arabe, on y apprend de plus le Latin, l'Italien, et aujourd'hui le Français. Le Séminaire est divisé en 2 Classes : inférieure et supérieure. Dans la première, on étudie la Grammaire, la littérature, l'arithmétique, la Géographie avec l'histoire sainte et profane. Dans la deuxième, on enseigne la philosophie, la théologie dogmatique et morale et la jurisprudence avec l'histoire ecclésiastique. On s'exerce principalement dans les choses du ministère sacerdotal et dans les traditions nationales, afin de pouvoir facilement ramener à l'unité les Arméniens non unis. Les élèves de ce séminaire forment une sorte de communauté de prêtres réguliers dépendant immédiatement du patriarche de Cilicie. Cette communauté choisie, comprend 80 personnes ; c'est dans son sein qu'on a toujours choisi les patriarches et les évêques, à l'exception de deux.

XVIII   Il est utile de noter, que le patriarche actuel de Cilicie, dès le premier jour de son élévation à la chaire épiscopale, a montré des qualités remarquables, embrasé d'un

zèle ardent pour la maison de Dieu; il s'est consacré
entièrement à prêcher et à propager la foi catholique
dans toute l'Arménie; c'est vers ce noble but qu'il
dirige toutes les affections de son cœur, pour y parvenir,
il emploie tous les moyens possibles, aussi le St. Pontife,
Grégoire XVI. disait il dans l'allocution consistoriale, où
il approuva l'élection du patriarche de Cilicie.

« Omnia autem ad normam legum rituumque sacrarum
« in eo eligendo fuisse peracta testimonio suo confirmat
« Delegatus apostolicus montis Libani Franciscus
« Villardell, archiepiscopus Philippensis. Eum declarat
« morum vitaeque bonitate spectabilem, Ecclesiae
« Catholicae, sanctaeque sedi apprime deditum ac de-
« votum, fidei vero catholicae propagandae studio
« incensum singulari. Talem scilicet assidue se praebuit
« dum Catholicae Cokati ecclesiae profuit, ideo a-
« sperandum jure sit, ejus provectionem Nationi Arme-
« nae universae esvalde profuturam ».

Le St. Pontife considérant les éminentes qualités
dans ce vénérable patriarche en investi, a présagé par
ces paroles, l'heureuse conversion de la nation
arménienne. Cet oracle a déjà commencé à s'accomplir,
nous espérons, que par les mérites et la sollicitude

persévérante de ce digne patriarche, nous obtiendrons plusieurs autres conversions.

Qu'on me permette de noter encore, que dès le premier mouvement de retour vers l'Unité Romaine, l'an 1849, on a vu cet illustre patriarche à la tête de sa nation, en présence de ses évêques et ses prêtres d'un teint rayonnant, et d'une éloquence inspirée, recommander publiquement ses missions à la très sainte et très pure Immaculée Conception de Marie, Mère de Dieu, en la conjurant d'obtenir de son divin fils, en l'honneur et pour la vérité de son Immaculée Conception la conversion de son peuple; et après avoir recommandé à tous les évêques comme à tous les prêtres une dévotion toute particulière envers la très sainte Immaculée Conception de la Vierge Marie, pour rendre un éclatant et honorable témoignage de sa douce et profonde piété à l'égard de la mère de Dieu, il prêta serment d'être toujours son dévoué serviteur et son défenseur intrépide.

Plaise à la divine mère agréer ses vœux sincères et seconder ses souhaits par des succès éminents!

Ce prélat respectable et tout embrasé du zèle de la maison de Dieu, dévoré de la soif insatiable du salut de son peuple, a dû prodiguer toutes les ressources de son Patriarcat jusqu'aux vases sacrés, pour subvenir aux besoins des pauvres Néophytes revenus de leur égarement à la voix compatissante des ses zélés et infatigables missionnaires : Aujourd'hui pour une cause si noble, se trouvant réduit en une extrème indigence ; il s'en fait honneur de pouvoir inviter les cœurs chrétiens, généreux et magnanimes, de vouloir bien venir à son aide ; et par leur secours partager avec lui les labeurs évangéliques, et en récompense il leur promet d'obtenir du sacré Cœur de Jésus et de sa Sainte-Mère, le droit à toute prospérité.

Michel Alexandrian

Archev. Arménien de Jérusalem,

et Délégué du Patriarche

Arm. de Cilicie.

Paris, 23 février 1863.

Imp. Villain, 45, rue de Sèvres, Paris.

www.ingramcontent.com/pod-product-compliance
Lightning Source LLC
LaVergne TN
LVHW051348200726
843510LV00002B/892